L'EXPANSION FRANÇAISE AU DAHOMÉ

VOIE NOUVELLE

DE PÉNÉTRATION

DANS LE SOUDAN CENTRAL

ET LA BOUCLE DU NIGER

CHEMIN DE FER DE L'OUÉMÉ A KOUANDÉ

PAR J. HURÉ

INGÉNIEUR CIVIL DES MINES

PARIS

AUGUSTIN CHALLAMEL, ÉDITEUR

17, RUE JACOB

LIBRAIRIE MARITIME ET COLONIALE

1896

L'EXPANSION FRANÇAISE AU DAHOMÉ

VOIE NOUVELLE

DE PÉNÉTRATION

DANS LE SOUDAN CENTRAL

ET LA BOUCLE DU NIGER

CHEMIN DE FER DE L'OUÉMÉ A KOUANDÉ

Par J. HURÉ

INGÉNIEUR CIVIL DES MINES

PARIS

Augustin CHALLAMEL, Editeur

17, RUE JACOB

LIBRAIRIE MARITIME ET COLONIALE

—

1896

INDEX

BIBLIOTHÈQUE
IMPRIMÉS

PREMIÈRE PARTIE

DEUXIÈME PARTIE

---

*Adresser les communications et demandes de renseigne-
ments à M. J. HURÉ, Ingénieur civil des mines, Paris,* ▮▮▮▮▮▮▮▮.

PRÉFACE

BIBLIOTHÈQUE NATIONALE — IMPRIMÉS

A l'heure où, grâce à notre glorieuse armée, la France a pu reconstituer son empire colonial, il convient de ne point permettre que les sacrifices qu'elle s'est imposés dans ce but restent inutiles. Nos soldats ont fait leur œuvre, à nous de faire la nôtre. A la conquête militaire il faut substituer la conquête pacifique, humanitaire et économique; il est nécessaire de mettre en œuvre les ressources de nos nouvelles possessions, il faut enfin que la France réponde victorieusement à ceux qui lui refusent toute aptitude à la colonisation.

Aux temps passés, les esprits aventureux n'avaient point à se préoccuper de questions de cette nature. Nos compatriotes s'embarquaient pour la côte de Guinée avec une pacotille — étoffes de peu de valeur, couteaux, miroirs, verroterie — et vendaient aux noirs ces marchandises contre des plumes d'autruche, de l'ivoire, de la poudre d'or, etc. C'était le beau temps de la *troque*, mais ce genre de commerce serait incapable de faire réaliser aujourd'hui les bénéfices qu'on est en droit d'attendre d'entreprises aussi lointaines et aussi pénibles.

Par son contact prolongé avec l'Européen, le noir de la côte s'est instruit; il connaît parfaitement aujourd'hui la valeur des produits qu'il tire de son sol; la concurrence que se font maladroitement les blancs dans ces régions n'aura pas contribué pour peu à développer les aptitudes commerciales des noirs. Aussi peut-on affirmer que le commerce de la *troque* est définitivement mort sur la côte d'Afrique.

D'autre part, les produits naturels du sol deviennent de plus en plus rares ; le noir, foncièrement paresseux, insouciant et ignorant, exploite ces produits sans souci de l'avenir et sans méthode ; il gaspille, détruit, en un mot, il tue la poule aux œufs d'or.

Déjà il semble que beaucoup d'Européens aient été frappés de ces faits et se soient préoccupés de tenter l'exploitation méthodique et raisonnée de toutes ces richesses. Mais les entreprises de ce genre resteront toujours limitées à une bande côtière des plus étroites si on ne construit pas des voies de communication faciles et rapides avec l'intérieur et c'est à quoi nous devons songer dès maintenant.

D'ailleurs ces voies, pénétrant dans des pays nouveaux, permettront d'y faire un commerce d'échanges qui sera aussi fructueux au début qu'il l'était autrefois à la côte. Les bénéfices à réaliser pendant cette période pourront être considérables, sans qu'ils puissent nous faire oublier que notre but principal consiste à préparer une exploitation rationnelle qui devra être dirigée par un personnel européen et compétent. On créera ainsi, pour le plus grand profit du pays, un vaste champ d'action pour beaucoup de nos jeunes compatriotes qui trouveront là une vaste matière pour leur activité et pour leur esprit d'initiative.

Relier entre elles et à la mer, par des voies ferrées, les riches contrées du Soudan central, de la boucle du Niger et du Soudan occidental, voilà quel doit être désormais le programme d'action de la France dans l'Afrique occidentale.

Telles sont les idées qui m'ont dirigé dans l'élaboration du projet que je soumets aujourd'hui au public.

J. H.

Décembre 1895.

PREMIÈRE PARTIE

ÉTAT ACTUEL DU DAHOMÉ

AU POINT DE VUE POLITIQUE

BIBLIOTHÈQUE R. F. IMPRIMÉ

Depuis la chute de Behanzin le royaume de Dahomé est définitivement acquis à la France. Grâce, en outre, aux courageux efforts de nos explorateurs et de M. le gouverneur Ballot, notre zône d'influence s'étend, au Nord, sans conteste, jusqu'au Niger moyen (1) et à l'Ouest vers le Mossi et nos possessions du Soudan occidental (2).

Nous atteignons ainsi les routes suivies par les caravanes qui vont de Salaga et du Mossi au Sokoto et au lac Tchad.

C'est là un point très important car nous pouvons, dès lors, en reliant le Haut-Dahomé à la côte par une voie

---

(1) L'Almany de Say a signé, en 1891, avec le lieutenant-colonel Monteil, un traité qui consacrait déjà tous nos droits sur le Niger moyen ; les nouveaux traités, conclus tout récemment par nos explorateurs, les consacrent définitivement jusqu'à Ilo.

— Le poste de Badjibo (Arenberg), créé tout récemment par le capitaine Toutée, devrait incontestablement établir nos droits sur le Niger jusqu'au 9ᵉ parallèle ; nous espérons du moins que cette fois nous ne reculerons pas devant les exigences de la Royal Niger Company.

— La France occupe actuellement d'une manière effective le Gambari, par les postes créés à Carnotville et à Parakou ; les pays de Djougou, de Kouandé, de Bouay et des Kodokolis ont accepté notre suzeraineté. Cette région est dans le rayonnement direct de notre influence et ne saurait nous être contestée.

(2) La mission du lieutenant Baud nous assurera très probablement la jonction complète de la colonie du Dahomé, d'une part avec la Côte d'Ivoire, de l'autre avec le Soudan occidental. En tous cas, les missions Baud, Decœur et Vermesch nous auront donné des gages qui nous permettront d'obtenir des avantages sérieux dans le partage définitif.

ferrée, détourner, au profit de celle-ci, tous les courants commerciaux qui sillonnent le haut pays et ouvrir à la France les marchés de la boucle du Niger et du Soudan central (1).

Ces merveilleux résultats ont été obtenus par des efforts inouïs et des sacrifices énormes : mais la richesse incomparable de ce coin de terre et son importance considérable, comme voie de pénétration, les justifient largement.

Asservi, depuis deux siècles, par les tyrans d'Abomey, ce pays a accepté, comme une libération, la tutelle des autorités françaises et l'administration coloniale peut exercer son pouvoir sans difficulté et sans opposition (2).

L'ère des troubles politiques et des expéditions militaires, si désastreuse pour le développement de nos possessions africaines, peut donc être considérée comme définitivement close dans cette région (3).

(1) *Voyez* plus loin, page 17, note 1 ; page 23, note 1 ; enfin, pages 28 et 31.

(2) Le décret du 22 juin 1894 a réglé l'organisation administrative de la colonie du Dahomé et dépendances. L'ensemble de nos possessions a été placé sous les ordres d'un gouverneur. Un arrêté ministériel portant la même date, et inséré au *Journal officiel du Dahomey* du 1er août 1894, supprime définitivement la désignation « Établissements du Bénin » qui s'applique plus justement aux vastes territoires anglais portant ce nom, situés à l'Ouest des bouches du Niger ; le même acte divise notre nouvelle conquête en trois parties distinctes : *1° Territoires annexés ; 2° Territoires protégés ; 3° Territoires politiques.*

— Les territoires annexés sont compris entre le Togo à l'Ouest, la lagune côtière au Nord, le royaume de Porto-Novo à l'Est, et l'Océan Atlantique au Sud.

— Les territoires protégés sont les protectorats : de *Porto-Novo, d'Allada, d'Abomey,* des *Ouatchis* (Eoués), d'*Ouéré-Kétou.*

Un administrateur exerce, au nom du gouverneur, dans chaque région, les fonctions de résident.

— Les territoires d'action politique s'étendent au Nord de nos possessions immédiates, du Dahomé au Niger, et sont placés sous la surveillance directe du gouverneur.

(3) A.-L. D'ALBÉCA. — *La France au Dahomey.* Paris, 1895.

« Le Dahomey tirait des éléments de vie de ses succès militaires, du courage de ses soldats réputés invincibles, de l'ignorance des habitants,

RICHESSE DU PAYS

SON AVENIR COMMERCIAL ET AGRICOLE

Le moment est donc venu de tirer parti de notre coûteuse conquête, et de commencer sérieusement l'exploitation d'un pays réputé, depuis fort longtemps et à juste titre, comme si riche en ressources de toutes sortes.

Aujourd'hui, dans le commerce du Dahomé, les huiles et les amandes de palme (1) forment la presque totalité de

cultivateurs paisibles, d'une organisation administrative unique en ces contrées, basée sur la terreur. Le pouvoir central, le roi, seul maître de tout et de tous, était secondé par une police secrète merveilleuse, par une féodalité de princes et de chefs vivant des largesses du souverain, par les mystérieuses pratiques d'une religion naturelle que l'on avait longtemps considérée comme un panthéisme grossier basé sur une adoration vague des objets matériels et dans laquelle on a été obligé de reconnaître, après examen, un système complet avec son dogme et ses doctrines, un polythéisme s'inspirant des principes spiritualistes, dont les desservants savaient user avec opportunité pour interpréter les événements au gré des nécessités politiques, pour diriger la conscience des sujets, pour faire l'opinion des hésitants.

« Nous sommes désormais en présence de tribus et de familles sans homogénéité, sans intérêts généraux, sans idées publiques, inoffensives si on ne cherche pas à les molester, vivant et ne demandant qu'à vivre. Les nouveaux rois et chefs reconnus par nous, Toffa, Agoliagbo, Gigla, Sohenzou, Aladamaouzou, Sobiri, Baguidi, Zomabou, etc., n'ont ni armée, ni argent, ni esclaves et, par conséquent, sont incapables de contrebalancer l'autorité des représentants de la France. Avec des égards, et sous ce vocable il convient d'entendre en Nigritie, les larges et fréquentes distributions de tafia, de tabac, de tissus, le cérémonial, l'étiquette, les longues conversations ou *palabres,* on peut facilement tenir en main les indigènes et éviter tout incident de nature à troubler la tranquillité des habitants et la sécurité des transactions commerciales. Avec des cadeaux judicieusement placés et des rentes servies par le protectorat, ces roitelets de fantaisie pourront enrayer les actes de brigandage et nourrir les nombreux parasites qui les entourent et auxquels ils donnent les noms de conseillers, ministres ou princes. »

(1) A.-L. D'ALBÉCA. — *La France au Dahomey,* Paris, 1895.

« La vrai richesse du Bas-Dahomey est le palmier à huile qui est la propriété de l'indigène. Les palmiers sont soigneusement entretenus et la récolte l'exportation. L'importation consiste toujours principalement dans l'eau-de-vie de qualité inférieure, le tabac de traite, les cotonnades et la verroterie. Cependant, les indigènes commencent à connaître les produits européens et à les apprécier. Notons que le palmier à huile ne pousse que sur la côte, jusqu'à une soixantaine de kilomètres environ de la mer. Nous devons donc conclure que, somme toute, le pays n'est exploité que sur une très faible étendue et que, dans cette partie même, un seul produit est sérieusement utilisé.

Or la région côtière est bien loin d'être la plus riche et le haut-pays, recouvert de riches et immenses forêts où vivent tous les représentants de la grande faune, renferme des produits de toute nature qui ont autant d'avenir que le palmier à huile. On voit donc que le Dahomé peut être considéré, au point de vue commercial, comme un pays neuf ; que rien ou presque rien n'y a été tenté en fait d'exploitation et que tout reste à faire.

Que de produits cependant, recherchés en Europe et chèrement payés, abondent au Dahomé où ils viennent naturellement et sans culture ! C'est le coton, c'est le caoutchouc, la noix de kola, la papaïne, le strophantus, la strychnine, la gomme copal, la gomme arabique ; les bois de construction et d'ébénisterie, le dokotchou, le roko, le ronier, le gonakié, l'acajou, etc.

se fait régulièrement. Les rois du Dahomey ont toujours favorisé le développement de cette industrie, qui donne à tous ceux qui s'y livrent le luxe, les tissus et le tafia. Des traitants noirs parcourent les foires qui se tiennent périodiquement dans les grands centres, à Tori, à Savi, à Décamé, à Allada, à Ouagbo et achètent l'huile qui est dirigée sur les ports. Ces traitants sont les clients des grandes maisons qui leur ouvrent des crédits pour pouvoir rassembler de gros stocks de produits. C'est un va-et-vient constant sur les routes de porteurs et de marchands, sur les lagunes de piroguiers chargés de futailles, un courant commercial curieux à observer. Les transactions sont soumises à la loi de l'offre et de la demande. »

Que de richesses minières, sans doute, dorment ignorées sous le sol, dans ces terrains anciens de l'Afrique trans-saharienne (1).

Que de cultures d'un grand avenir ont à peine été essayées ! C'est le cacao, dont il est inutile de faire ressortir la haute importance, c'est le riz, qui réussirait si bien dans ces terres sillonnées d'innombrables lagunes ; c'est le café, qui a donné de si beaux résultats à Libéria et plus récemment à la Côte d'Ivoire, sous un climat identique (2).

En somme la plupart des produits du Dahomé ne sont pas exploités ; le seul qui le soit ne l'est guère que dans la région côtière, sur une étendue d'environ 20.000 kilomètres carrés, soit la vingt-cinquième partie de la France ; c'est à peine si le pays sort de l'ère de la conquête et si les travaux publics y sont commencés ; la contrée ne possède pas une seule route carrossable et à part des sentiers traversant des terrains marécageux, n'a pas d'autres voies de communication que les voies naturelles.

(1) Le lieutenant Aubé a signalé dans le cours de l'Ocpa des fonds de schiste ardoisé analogue, dit-il, à celui qui avoisine le terrain carbonifère ; les indigènes ignorent cependant l'existence du charbon. Le pays est riche en minerais de fer et de cuivre, on y a trouvé de nombreux gisements de beaux marbres veinés de rose et de blanc et l'existence de l'or y paraît très probable. Skertchly n'hésite pas à comparer le Haut-Dahomé au Transvaal. Il y a là, dit-il, pour les industries extractives de la métropole un vaste champ de recherches et d'exploitations. Le pays des Baribas et du Yoruba fournissent actuellement le cuivre qu'on trouve sur les marchés.

(2) A.-L. D'ALBÉCA. — Paris, 1895.

« Tout est à faire, tout est faisable dans un pays ou l'homme n'a qu'à gratter la terre, n'a qu'à semer pour récolter, où l'habitant docile, inoffensif, travaillerait, s'il était stimulé, encouragé par l'Européen qu'il croit son supérieur et son maître.

« Les Métis d'origine brésilienne, qui abondent sur le littoral et qui forment un groupe d'hommes intelligents et désireux de s'enrichir, paraissent tout indiqués pour servir de contremaîtres et de surveillants, avec un système de fermage à forfait dans lequel l'Européen apporterait son capital et le créole son travail. »

Or, dans ces conditions défavorables, les exportations et les importations se sont élevées dans ce pays minuscule, pendant le dernier exercice, à vingt millions, mouvement commercial qu'atteignent à peine les plus grandes et les plus riches colonies françaises (1).

STATISTIQUES COMMERCIALES

Les statistiques commerciales publiées par le *Journal officiel du Dahomey* donnent, depuis cinq ans, les chiffres suivants. On remarquera qu'il s'agit de la période de guerre 1890 à 1894 :

ANNÉES	IMPORTATIONS	EXPORTATIONS	TOTAUX
1890.....	3.489.894'12	5.916.494'46	9.406.388'58
1891.....	3.789.213 76	7.679.076 20	13.468.289 86
1892.....	6.462.700 97	7.259.910 05	13.692.611 02
1893.....	10.456.857 54	6.833.160 63	19.138.321 48
1894.....	10.771.789 94	9.973.703 57	20.745.493 54

Les produits exploités pendant l'année 1894, sont :

Amandes de palme........	23.766.601 kilog.
Huiles de palme..........	8.421.117 —
Noix de coco.............	640.990 paquets.
Noix de Kola.............	112.985 kilog.

(1) *La politique Coloniale illustrée.* — Octobre 1895.

« La conquête du Dahomey a fait du légendaire pays des Amazones une colonie française placée sous l'autorité de l'homme qui était le plus qualifié pour l'administrer sagement : nous avons nommé M. le gouverneur Ballot.

« C'est à la fin de juillet 1894 que l'administration civile a pris possession du Dahomey. Depuis cette date la colonie a été complètement organisée, les territoires divisés politiquement, les travaux publics entrepris, la justice établie sur des bases nouvelles et le régime commercial remanié avec application de taxes nouvelles qui sont inférieures à celles des colonies voisines. »

Enfin, le montant des recettes totales du wharf de Cotonou, en 1893, 1894 et 1895, au taux de 8 francs la tonne à l'importation et de 6 francs à l'exportation, s'est élevé :

En 1893, à 76.150 35
En 1894, à 113.305 73
Et en 1895, pendant les sept premiers mois, à.... 88.160 77

Pour l'année 1895, le 1er trimestre donne les chiffres suivants :

Importations......... 3 266.998 68
Exportations......... 2.995.231 65
Total...... 6.262.230 32

Des renseignements puisés à bonne source nous perment d'affirmer que, pour l'exercice total de 1895, le mouvement ne sera pas inférieur à 25 millions. Et il faut noter que ce mouvement si important porte presque exclusivement sur un seul produit qui donne, par an, 10.000 tonnes d'huile et 20.000 tonnes d'amandes.

IMPORTANCE DU DAHOMÉ

COMME VOIE COMMERCIALE

La statistique qui précède est une preuve éloquente de l'ère de prospérité dans laquelle le Dahomé est entré depuis la conquête.

De tels résultats sont la justification des sacrifices faits et le gage du développement futur de notre colonie.

Cependant, ce n'est pas tout ; nous pouvons affirmer que ce n'est pas dans l'exploitation de ses produits qu'est le principal avenir du Dahomé. Qu'on jette les yeux sur la carte et l'on sera frappé de ce fait que, de tous les points de la côte d'Afrique, le plus rapproché du Soudan central est la côte des Esclaves. Si le Dahomé est riche par lui-même, son hinterland peut devenir, à bref délai, une voie commerciale incomparable. C'est la seule de nos possessions africaines par laquelle nous puissions atteindre rapidement le Niger moyen et attirer vers nos comptoirs le commerce du riche empire de Sokoto.

Le Haut-Dahomé est traversé par les caravanes qui descendent le Niger ou qui arrivent par terre de Kouka, de Kano et de Sokoto. Ces caravanes s'arrêtent toutes, en effet, à Gomba, sur le Niger, et de là suivent les routes d'Ilo à Kouandé pour se diriger ensuite vers Salaga, le plus grand marché de la boucle du Niger.

On pourrait se demander pourquoi ces courants commerciaux ne cherchent pas un écoulement plus facile, par le bas Niger, vers la côte du Lagos anglais.

L'explication en est facile : d'abord, dans la région de Boussa, depuis Gomba jusqu'à Géba, c'est-à-dire sur un long parcours de plus de deux cents kilomètres, le Niger traverse une région rocheuse qui, par endroits, rétrécit son lit et lui donne un régime torrentiel. Ces rapides peuvent cependant être franchis par des embarcations du pays, mais la navigation à vapeur y paraît dangereuse ; elle est même impraticable entre Ourou et Boussa. D'autre part, et c'est sans doute la raison la plus sérieuse, les régions qu'arrose le Niger dans cette partie de son cours, le royaume de Boussang (capitale Boussa et territoire des Bokos), le Borgou, territoire des Baribas, etc...

sont pauvres et fermées au commerce par le brigandage de leurs chefs, qui forment une sorte de syndicat dont le but est de rançonner à merci les caravanes qui osent s'aventurer dans ces pays (1).

NÉCESSITÉ D'UNE VOIE FERRÉE

Tous nos efforts doivent donc tendre dès maintenant à relier le haut pays à la côte par une voie de communication régulière et rapide. Des comptoirs s'établiront sur tout son parcours et mettront en valeur la colonie elle-même, en provoquant l'écoulement de ses produits. D'autre

(1) *Mission de M. Ballot, gouverneur du Dahomé, à Nikki et au Niger.*

« La région parcourue depuis la rivière Ocpara, limite occidentale du Borgou, jusqu'au Niger est au nombre des contrées les moins favorisées par la nature et les plus déshonorées par l'homme. Il est difficile d'imaginer un pays plus laid, plus pauvre, plus triste, plus malsain, avec des habitants plus inhospitaliers et plus ivrognes, plus rapaces et plus voleurs.

De Péréré à Boussa, les routes sont impraticables pour l'étranger. Les caravanes qui descendent le Niger ou qui arrivent par terre de Kouka, de Kano, ou de Sokoto, s'arrêtent toutes à Gomba et de là suivent la route d'Ilo à Kouandé pour se diriger vers Salaga.

Chez les Baribas du Nikki, les transactions commerciales avec l'extérieur sont nulles. Le commerce local existe à peine, car depuis que l'étranger n'ose plus s'y aventurer, les villages sont réduits à se piller entre eux et à détrousser ou à retenir en captivité le voyageur isolé. Aussi la misère est-elle extrême. Le pays, peu fertile, ne produit que juste ce qu'il faut pour nourrir les habitants. Le commerce de Boussang, qui cependant possède de très grandes villes indigènes dont la population varie de quinze à vingt mille habitants, est pourtant insignifiant. Il ne consiste que dans l'échange de quelques marchandises européennes principalement le sel (provenant des factoreries de la Royal Niger Company établies à Illéba et à Géba). Ces produits sont troqués contre des oignons particuliers au pays, du riz, du mil, des haricots, du beurre de Karité, des moutons et quelques bœufs. Les chevaux qui y existent, en très petit nombre, proviennent de Sokoto. »

part, en prolongeant cette ligne assez loin dans l'intérieur, jusqu'à un centre bien choisi sur le passage des caravanes, elle pourra détourner à son profit tous les vastes courants commerciaux qui traversent le haut pays (1).

Mais il faut nous hâter, car nos rivaux, Anglais et Allemands, nous font une active concurrence et si les efforts de nos explorateurs et de nos diplomates ne sont pas secondés par l'initiative privée, nous nous laisserons encore une fois devancer.

« La géographie a ses lois, a dit Prévost-Paradol, et lorsque des nations également civilisées sont en rivalité pour l'exploitation commerciale ou la domination politique d'un point quelconque du globe, c'est la plus voisine qui, en fin de compte, a le plus de chance pour l'emporter. »

Or, de tous les points de la côte d'Afrique, le plus rapproché du Niger moyen et du Soudan central est la côte du Dahomé. Nous sommes sur le chemin direct de Cotonou à Say ; notre zone d'influence s'étend, sans conteste, jusqu'à Say et Ilo, sur le moyen Niger, et nous atteignons ainsi les routes commerciales suivies par les caravanes qui vont de Salaga et du Mossi au Sokoto et au lac Tchad.

---

(1) L'établissement d'un chemin de fer aura pour conséquence immédiate de centupler l'importance de ces courants commerciaux. Les caravanes arriveront de toutes parts à notre marché terminus pour y échanger leurs marchandises contre des produits européens. Cela est d'autant plus certain que les expéditions par chemin de fer feront naître un bon marché relativement inconnu, jusqu'ici, dans ces régions. Aucune objection ne saurait prévaloir contre ce résultat indiscutable.

AVANT-PROJET D'UNE VOIE FERRÉE

Je terminerai cet exposé en indiquant le tracé approximatif que j'ai adopté pour cette voie ; le tracé définitif ne peut être déterminé que sur place et fera l'objet principal d'une mission d'études préalable.

Deux conditions économiques m'ont guidé dans le choix de ce tracé. Ces conditions sont les suivantes :

1° Le tracé du chemin de fer devra présenter un développement minimum afin de réduire, jusqu'à l'extrême limite, les frais de transport qui viendront grever les marchandises.

2° Utiliser les cours d'eau dans leurs parties accessibles à la navigation à vapeur.

Les difficultés énormes qui surgissent à chaque pas dans les pays tropicaux rendent, en effet, très coûteuse la construction des voies de communication et jamais, dans de semblables conditions, un chemin de fer ne pourrait supporter la concurrence de la navigation fluviale. Il convient donc toujours, avant tout, de tirer parti de celle-ci toutes les fois que la chose est possible, en tenant compte cependant de ce fait que les transbordements ne sauraient se multiplier sans occasionner des frais qui détruiraient les avantages de ce régime mixte. C'est là une question à examiner dans chaque cas particulier.

Il y a au Dahomé deux principales voies naturelles de pénétration : ce sont les rivières Ouémé, à l'Est, le long de la colonie anglaise de Lagos, et le Mono, à l'Ouest, le long de la colonie allemande de Togo. Un seul de ces deux cours d'eau, l'Ouémé, communique par les lagunes côtières avec le wharf de Cotonou (1).

La rivière Ouémé est en outre la plus considérable comme longueur et comme tirant d'eau et débouche dans la lagune de Porto-Novo (2), presqu'en face de Cotonou, c'est-à-dire en plein centre commercial du pays.

Cette rivière (3) est accessible à la navigation à vapeur,

(1) La lagune côtière de Ouidah qui longe toute la côte depuis Godomey jusqu'à Porto-Ségouro communiquait autrefois avec le lac Denham (Nokoué) ; mais l'isthme qui s'est formé depuis entre Zobbo et Godomey rend indispensable aujourd'hui le transbordement, lorsqu'on veut pénétrer dans le Bas-Dahomé sans toucher à Cotonou. Je dois ajouter toutefois que cet état de chose est probablement appelé à disparaître bientôt. En effet, les travaux de creusement de l'ancien canal du lac Denham à la lagune de Ouidah, opérés déjà jusqu'à Godomey, doivent être repris prochainement, au moyen de dragues qui viennent d'arriver dans la colonie.

(2) Porto-Novo est une ville populeuse de 35.000 âmes.

Elle est le siège de la mission et de la résidence ; les maisons Régis et Fabre y ont des comptoirs importants. A côté de ces deux grandes factoreries françaises se sont installés de nombreux concurrents étrangers, les Voigt and C°, les Ilolt et Welsh, les Kœnigsdorf, etc... et près de deux cents traitants métis, d'origine brésilienne. C'est un centre commercial très important. Tous les produits de l'Ouémé y arrivent et sont expédiés en Europe par Lagos et Cotonou. La lagune de Porto-Novo communique avec Lagos et avec le grand lac Nokoué, qui déverse ses eaux dans la mer à Cotonou; aux plus basses eaux, de Lagos à Porto-Novo, la lagune a de 1 mètre 50 à 6 mètres de profondeur, et de Porto-Novo à Cotonou de 2 mètres à 0 mètre 80. Disons toutefois que, dans les endroits non balisés, la profondeur ne dépasse pas généralement 0 mètre 40, aux plus basses eaux.

Le lac Nokoué, peuplé, comme toutes les lagunes côtières, de nombreux caïmans et bordé de palétuviers, est le déversoir de la rivière Sô; il mesure 17 milles de la rive d'Abomey-Calavi à la crique de Kéténou et 10 milles d'Aouansori à Sô. La profondeur varie avec les saisons; mais les chaloupes à vapeur calant environ 90 centimètres peuvent y naviguer toute l'année et font le service entre Cotonou et Porto-Novo, séparés par une distance de 18 milles marins.

(3) Le fleuve Ouémé remonte jusqu'au-delà du 12e parallèle, mais à partir de Sanfo il est encombré de roches qui le rendent impropre à la navigation.

Ce fleuve est accessible à la navigation à vapeur pendant toute l'année jusqu'à Danou ; pendant 6 mois jusqu'à Dogba ; et pendant 5 mois jusqu'à Agony, de Juillet à Décembre.

pendant la saison des pluies (1), jusqu'au seuil de Sanio, situé au-dessous d'Agony, par 7° 35' Nord, c'est-à-dire jusqu'à une distance de Cotonou de près de cent cinquante kilomètres. Ses rives ont été suivies par la colonne expéditionnaire, de nombreux postes ont été placés le long de son cours et pourront devenir promptement autant de stations commerciales. En un mot c'est la route la plus connue et celle qui est appelée à être le plus promptement accaparée par le commerce.

Le Mono, au contraire, n'est facilement navigable, même aux hautes eaux, que jusqu'à Topli et même pour des embarcations d'un bien plus faible tonnage. Les pirogues peuvent cependant atteindre, bien que très difficilement, les chutes d'Ajahanoum, hautes de quinze mètres, situées à une heure de marche au-dessus de Togodo.

D'autre part, en amont des chutes, le pays est mamelonné et notablement plus élevé que les régions du Sud ; cette brusque dénivellation du sol permettrait difficilement de tracer par la vallée du Mono une voie de pénétration vers l'intérieur.

Le choix de l'Ouémé n'est donc pas discutable. Nous devons donc utiliser le cours de cette rivière jusqu'à un point qu'il faut laisser à la mission d'études le soin de déterminer le plus exactement possible. La mission devra faire, dans ce but, l'étude complète du régime de ce cours d'eau et de son état de navigabilité.

La mission déterminera ensuite le tracé que le chemin de

---

(1) A la côte des Esclaves, la saison des pluies commence avec Avril et finit en Décembre. Ces pluies tropicales, dont la durée et l'importance dominent au fur et à mesure qu'on s'éloigne de l'Equateur et de la mer, commencent seulement à la fin de mai à la lisière de la forêt équatoriale, et en Juillet à la lisière du désert Saharien. Il en résulte que les grandes crues des lagunes sont en avance sur celles des cours d'eau qui viennent des régions supérieures.

fer devra suivre pour gagner, sans interruption, le haut pays jusqu'à Kouandé, que j'ai choisi pour point terminus.

Le sol, peu montagneux et formé seulement de mamelons faciles à contourner, même dans les régions les plus accidentées du Haut-Dahomé, facilitera beaucoup cette étude (1).

D'autre part, les postes établis tout récemment par M. le gouverneur Ballot et appelés à former des centres importants d'agglomération, devront attirer l'attention. Plusieurs de ces centres sont naturellement destinés à constituer les principales stations de notre voie ferrée. Ces points sont Savalou, Agoua, Dadjo, Carnotville, Ouari, Manigri, Bassila, Kirikiri, Bafilo, Parakou, Schori.

Par sa situation géographique, Kouandé, notre point terminus, est naturellement destiné à supplanter Salaga, qui est actuellement le plus grand marché de la boucle du Niger.

Salaga doit son importance au voisinage de la Volta qui est une voie naturelle de pénétration très importante et qui lui donne un accès facile, sinon rapide, à la mer; aussi, se fait-il un commerce d'échange considérable par caravanes, entre Salaga, le Mossi, le Gando, le Sokoto et le lac Tchad.

(1) La région la plus accidentée du Haut-Dahomé commence immédiatement au nord du plateau d'Abomey et finit à la latitude 9° environ.

Le relief du sol y est relativement très peu prononcé; quelques plateaux dont l'altitude ne dépasse pas 200 mètres, de petits massifs granitiques élevés tout au plus de 200 mètres au-dessus du sol environnant, distribués irrégulièrement, ou bien formant les lignes de hauteurs qui séparent les bassins des cours d'eau se dirigeant vers la côte du Dahomé; tels sont les accidents qui constituent le relief de cette région du Haut-Dahomé, dite montagneuse.

M. le gouverneur Ballot a cependant signalé quelques hauteurs de 600 à 800 mètres d'altitude dans la zone comprise entre les latitudes 8°20' et 9° nord; mais c'est exceptionnel. Au nord de cette latitude de 9° on n'aperçoit plus de mamelons granitiques et le terrain ne semble pas s'élever sensiblement.

Mais ces caravanes passent toutes par Kouandé qui, par ce fait, se trouve déjà être un centre commercial important (1). D'autre part, Kouandé est déjà beaucoup plus rapproché du Niger moyen et du Soudan central que Salaga, et il aura en outre, sur cette ville, le grand avantage d'avoir un accès facile et rapide à la côte.

J'ajouterai enfin que Kouandé n'est pas éloigné de beaucoup plus de trois cents kilomètres du seuil de Sanio, où la rivière Ouémé cesse d'être accessible à la navigation à vapeur pendant la saison des pluies ; il est permis de supposer, par conséquent, que la longueur de la voie ferrée ne dépassera pas de beaucoup ce chiffre.

Ces explications me paraissent suffisantes pour justifier le choix du tracé approximatif que j'ai adopté.

On pourra songer plus tard, au moment opportun, à prolonger cette voie ferrée au Sud jusqu'à Porto-Novo, par la vallée de l'Ouémé, et au nord, depuis Kouandé, d'une part, jusqu'à Ilo sur le Niger moyen, voire même plus à l'est, jusqu'à Sokoto et au lac Tchad ; d'autre part, en sens opposé, à travers le pays de Kong, en contournant le pays des Achantis, vers nos possessions du Soudan occidental jusqu'à Bamako, sur le haut Niger et,

---

(1) Extrait du rapport de la mission du Gouverneur Ballot dans le Borgou et au Niger :

. . . .

« Autant la région s'étendant de Nikki au Niger est inculte, pauvre et inhospitalière, autant les pays situés au Nord et à l'Ouest de cette ville sont riches, prospères et commerçants. La physionomie aimable et franche de leurs habitants contraste d'une façon frappante avec l'aspect misérable et farouche des Baribas du Nikki et des Bokos du Boussa.

« Parakou, Manigri, Bassila, Kirikiri, Bafilo, Séméré, Ouangara, Djougou, Kouandé, Bouay, Kandi, sont de très grandes villes dont la population, composée en majeure partie de musulmans, varie entre 15 et 25.000 habitants. De vastes et riches cultures de tabac, coton, maïs, mil, ignames, haricots, entourent ces villes à de très grandes distances et de nombreuses caravanes, provenant du Niger, sillonnent les routes en parfaite sécurité. » . . . .

de ce point, rayonner vers le Sénégal par Kayes, vers la côte de la Guinée française, par le Fouta-Djalon, et enfin vers la côte d'Ivoire, par Kong (1).

On relierait ainsi le riche empire du Soudan central à nos possessions du Soudan occidental, par les contrées non moins riches de la boucle du Niger.

Ainsi réunies entre elles et avec la mer par des communications faciles et rapides, toutes ces riches contrées ne formeraient plus qu'un vaste empire colonial, le plus grand et le plus riche du monde entier. Mais ce n'est là, sans doute, qu'un rêve irréalisable pour le présent, et je n'oserais même pas songer à le présenter aujourd'hui à des capitalistes français.

Notre enthousiasme colonial, engourdi depuis les guerres de la Révolution et du premier Empire, commence cependant à se réveiller ; mais il est encore hésitant et faible, et ce serait probablement le troubler en pure perte et l'affaiblir davantage que de vouloir en tirer autre chose qu'un faible effort.

Or, le projet de chemin de fer que je présente aujourd'hui, si l'on songe à ses merveilleuses conséquences, n'est relativement que très modeste et d'une réalisation facile et peu coûteuse.

Toute la région, en effet, que la voie traversera d'une extrémité à l'autre, est une région salubre (2) et peu monta-

(1) *Voyez* plus haut, page 5, note 2.

(2) *Bulletin de la Société de Géographie* (2ᵉ trimestre 1895). A.-L. D'ALBÉCA.

« Au-dessous du 7° nord les miasmes qui se dégagent des lagunes, des immondices et des détritus de toute sorte, l'humidité constante, occasionnent l'endémie paludéenne avec ses modalités morbides, fièvres intermittentes, dyspepsie, dyssenterie et congestion du foie.

« Le maximum de température a été observé en février et mars 30° centigrades. Le minimum en septembre. Entre 3 et 4 heures du soir une légère brise souffle du sud-ouest. Pendant la saison sèche d'épais brouillards couvrent le pays, jusque vers 9 heures du matin.

gneuse, au sens réel du mot, mais seulement composée de mamelons faciles à contourner.

D'autre part, l'orientation générale des principaux cours d'eau est celle même qu'il conviendra d'adopter pour le tracé ; *donc, peu ou point de travaux d'art à effectuer.*

Enfin la longueur du tracé ne dépassera pas de beaucoup trois cents kilomètres.

Ainsi, avec une ligne de chemin de fer ne dépassant pas de beaucoup trois cents kilomètres, d'une construction facile et peu coûteuse, en pays riche et salubre (1), on peut espérer drainer vers le Sud jusqu'au wharf de Cotonou, presque tout le commerce du Niger moyen, du Soudan central, du Gando, du Mossi et enfin de toutes ces riches contrées situées au Nord du pays des Achantis.

Est-il besoin d'insister plus longuement sur la nécessité d'une telle entreprise? Son importance, son avenir, sont autant de gages de sécurité pour les capitaux qui y souscriront. La France dispose d'une épargne considérable qui trouve en Europe, où le taux de l'intérêt s'abaisse

« Au nord du 7°, et particulièrement dans la région montagneuse, le climat est relativement sain.

« De novembre à février on sent tous les jours un vent du Nord-Est, *l'harmattan*, vent sec, presque froid, qui brûle et assainit tout. Les indigènes se couvrent de leurs pagnes et paraissent gelés. A Goho on a constaté 7° au-dessus de zéro. Les mains et les lèvres se gercent; les maladies sont plus rares.

« La constitution hydrotellurique de la région dans le Bas-Dahomey rend très difficile l'assainissement des centres habités et l'acclimatement des Européens; il n'en est pas de même de la partie du pays situé au Nord d'Abomey. On pourra y vivre. J'ai vu des Dahoméens qui avaient plus de cent ans. »

(1) Plus d'émanations palustres, comme sur la côte, où elles rendent le climat si malsain. L'air est sec, la température très élevée le jour, s'abaisse dans la nuit de près de 20° centigrades, alors que sur la côte elle reste à peu près toujours la même. La vie est rendue ainsi plus supportable, le repos de la nuit plus facile et plus réparateur.

chaque jour, un emploi rémunérateur de plus en plus difficile.

Où pourrait-elle trouver un meilleur emploi que dans une œuvre française de ce genre offrant, jusqu'à l'évidence, tous les gages possibles de sécurité et de prospérité ?

BUT DE LA MISSION D'ÉTUDES PRÉALABLE

La mission d'études que je me propose de diriger sur les lieux, dans le but d'y étudier le tracé du chemin de fer projeté, aura en même temps un caractère scientifique et commercial.

En voici les principaux points :

1° Étudier le régime de l'Ouémé et son état de navigabilité ;

2° Déterminer le tracé et le prix de revient du chemin de fer depuis l'Ouémé jusqu'à Kouandé.

Les opérations à faire sur le terrain comporteront d'abord les reconnaissances d'ensemble pour chercher la direction générale à donner au tracé et déterminer les principaux points de passage ; ensuite, les reconnaissances de détail nécessaires pour déterminer, entre ces différents points, la direction et la largeur de la bande de terrain à lever, et enfin l'exécution du lever dont les minutes devront servir ultérieurement à l'étude définitive du tracé.

3° Évaluer aussi exactement que possible quel pourra être le trafic du chemin de fer ;

4° Déterminer les principaux points où devront être établies les premières factoreries et évaluer le chiffre d'affaires qu'elles pourront faire avec un capital déterminé ;

5º Étudier la nature du sol et des terrains au double point de vue agricole et minier ;

6º Établir un état de la faune et de la flore ; chercher quelles sont les espèces animales et végétales actuellement existantes, utilisables pour la culture, le commerce et l'industrie, et quelles sont les espèces acclimatables ;

7º Étudier les prix de transport, en pirogue ou par terre, la nature des échanges, les objets offerts par les indigènes, ceux qui sont demandés ou pourraient l'être, les prix-courants, les cadeaux à faire et les coutumes à observer ;

8º Étudier ce qu'on peut attendre de la main-d'œuvre indigène et ce qu'il faut la payer ; les forces naturelles utilisables pour l'industrie ; comparer les avantages qu'il peut y avoir à transporter en Europe les produits bruts ou à les transformer sur place, etc. ;

9º Compléter et au besoin rectifier la carte par l'indication d'un plus grand nombre de points et d'altitudes et par l'indication plus exacte des routes et des cours d'eau.

RENSEIGNEMENTS COMMERCIAUX

GÉNÉRALITÉS

Essayons de montrer par quelques considérations sup-plémentaires la haute importance que pourra acquérir, au point de vue commercial, notre voie ferrée : elle sera la voie naturelle du transit des riches contrées de la boucle du Niger et du Soudan central. L'existence à Kouandé, notre point terminus, d'un marché européen alimenté par une voie ferrée déterminera un abaissement inconnu jusqu'ici, dans cette région, du prix des marchandises. De plus, grâce à sa situation géographique, ce point deviendra bientôt un centre commercial de premier ordre ; les caravanes viendront de toutes les parties des riches contrées de la boucle du Niger et du Soudan central pour y échanger des marchandises indigènes contre du sel et des produits européens.

Cette voie traversera, en outre, une région non moins riche, le Haut-Dahomé, et elle trouvera, dans les riches et immenses forêts qui la recouvrent presqu'entièrement, des éléments de trafic considérables, en produits de toutes sortes.

Ces prévisions sont basées sur des indications puisées à bonne source et que nous devons considérer comme certaines.

On pourra peut-être contester, en se rapportant aux relations de tel ou tel explorateur, nos renseignements sur l'importance et l'orientation des courants commerciaux de cette partie de l'Afrique centrale. Nous ne répondrons qu'un mot : C'est que les explorateurs n'ont fait que traverser à la hâte le pays, préoccupés d'atteindre au plus vite, le but politique de leur mission. Il nous a semblé que l'autorité de leurs avis, souvent du reste contradictoires, devait fléchir devant celle des personnes qui, établies à poste fixe dans le pays, ont toute compétence pour discerner le vrai du faux dans les renseignements qui leur sont fournis. (Voir plus haut la note 1, page 23).

Ce qui est un fait certain, c'est que jusqu'à ce jour, les Européens n'ont fait aucune tentative commerciale sérieuse dans l'intérieur, leurs comptoirs ne dépassent pas une bande côtière très étroite ; mais le jour où ils se seront franchement établis dans l'intérieur, en s'appuyant sur des centres reliés à la mer par des chemins de fer, on pourra dire que la conquête commerciale et économique de l'Afrique centrale est un fait accompli.

L'exploitation du chemin de fer comportera deux services nettement distincts.

Le premier correspondra au trafic alimenté par les stations intermédiaires. Son importance sera subordonnée à l'existence d'exploitations agricoles, forestières, minières etc., et à l'établissement de grands marchés d'échanges et de ravitaillement le long de la voie ferrée; or, nous avons de nombreuses raisons pour considérer la création de ces marchés comme devant suivre de très près celle de la voie ferrée.

Le second s'occupera des expéditions entre les stations extrêmes de la ligne et assurera les communications directes de la France avec le haut pays; il correspondra au trafic alimenté par les courants commerciaux qui viendront de la boucle du Niger et du Soudan central.

TRAFIC D'IMPORTATION

Le sel manque dans tout le continent noir et c'est un article d'importation de première nécessité. Grâce au transport par voie ferrée, le prix de cette denrée subira une très forte réduction sur tous les marchés alimentés par le chemin de fer, et les populations du Dahomé, de son hinterland, de la boucle du Niger et du Soudan central, deviendront tributaires de ces marchés pour les achats de sel. — Il en sera de même aussi pour tous les produits européens en général. Dans tout le continent noir, en effet, partout où l'on arrive à introduire des marchandises européennes en quantité suffisante pour satisfaire à la demande des indigènes, ceux-ci affluent aux factoreries et cherchent à y faire des échanges.

Les principaux articles d'importation sont (sans parler du sel déjà mentionné), les tissus et cotonnades, la mercerie, les chaussures, la quincaillerie, les fers (lames, tiges, couteaux, etc.), les poudres, les armes, la verroterie, le tabac, les comestibles, les alcools, etc., etc... Sur la côte, ces marchandises sont échangées, règle générale, pour le triple ou le quadruple de ce qu'elles valent dans leur pays d'origine : à fortiori dans l'intérieur.

TRAFIC D'EXPORTATION

Ce trafic comprendra, outre les articles provenant de l'échange, tous les produits fournis par les industries et les exploitations de toutes sortes qui ne manqueront pas de se développer. Il nous est donc naturellement impossible de prévoir l'importantce de ce trafic et nous nous bornerons à énumérer, d'une façon succincte, les produits qui sont appelés à en faire l'objet principal.

Comme les frets maritimes, de même que les tarifs de chemins de fer et le coût de la navigation fluviale varient dans des limites assez étendues, suivant la nature des marchandises, celles-ci sont groupées sous quatre catégories différentes :

1re *Catégorie*

Ivoire, plumes d'autruches (en ballots de 150 à 200 kilos), poudre d'or, indigo et matières tinctoriales de prix, etc., etc.

2ᵉ *Catégorie*

Peaux brutes et cuirs, caoutchouc et gutta percha, gommes, cires, etc.;

Café, cacao, kola, poivre, piments, etc., etc.

3ᵉ *et* 4ᵉ *Catégories*

Arachides; graines et fruits oléagineux, ricin, huile de palme, etc.;

Coton, fibres végétales;

Bois d'ébénisterie et de construction;

Matières brutes et encombrantes en général.

———

Nous avons tenu à montrer les ressources du pays et à indiquer les moyens de les mettre en œuvre : quant à l'évaluation précise de ces ressources et aux détails des entreprises dont elles pourraient faire l'objet, nous laissons à la mission d'études préalable le soin de les déterminer. Nous nous bornerons à faire remarquer que « personne ne songe plus aujourd'hui à contester que tous ces pays de la boucle du Niger et du Soudan central ne soient assez riches pour alimenter des courants commerciaux d'un débit permanent et considérable » (1).

(1) *Economiste Français* des 10 et 17 janvier 1891 ; note sur le Transsaharien, par Georges ROLLAND.

———

DEUXIÈME PARTIE

GÉOLOGIE

Au point de vue géologique et minier, l'étude du Dahomé est encore à faire. Les quelques documents que nous possédons sur cette importante question sont tous incomplets et très insuffisants ; on ne saurait en tirer aucune conclusion sérieuse sur les richesses minières probables du sol.

L'étude de ces documents ne permet même pas d'établir une comparaison entre cette région et les contrées mieux connues de l'Afrique.

Sur le littoral, et jusqu'à une distance qui varie entre quatre et six kilomètres, le sol est uniquement formé d'un sable jaunâtre fin, brillant et très perméable (1). Cette zone, stérile, basse et sablonneuse, avant-dernière étape de la barre de Guinée, est séparée des forêts de l'intérieur par des lagunes saumâtres qui courent, parallèlement au golfe du Bénin, tout le long du rivage.

Au-delà, jusqu'au 7° nord, s'étend la zone la plus marécageuse et la plus malsaine, mais aussi la plus fertile ; la végétation y possède une vigueur et une puissance merveilleuses (2). Le sol y est entièrement formé d'alluvions récentes apportées par les cours d'eau venant du Nord.

---

(1) Cette couche sablonneuse, d'une faible épaisseur, repose sur des bancs de madrépores.

(2) *De Ouidah à Abomey*, par le R. P. Ignace Lissner ; Les *Missions catholiques*, n° 1.369, 30 août 1895.

« Les arbres y atteignent une hauteur que je n'ai rencontrée nulle autre part. On y admire des bombax mesurant vingt mètres de circonférence et dont le tronc compte déjà soixante mètres avant la naissance des branches ; des fromagers sont soutenus à leur base par des contreforts recouverts

Ces alluvions, d'aspect rougeâtre, sont formées d'un mélange, en proportions variables, d'argile et de sable quartzeux. Cette terre argileuse devient malléable sous l'action des pluies et se durcit sous celle de la chaleur; cette propriété la fait employer, par les indigènes pour la construction des murs (1) et la confection d'une sorte de récipients pour l'eau appelés jarres.

Les premières pierres se trouvent seulement à partir du 7° nord; et jusqu'au 8° nord, le terrain est formé, d'un mélange de terre rouge très dure et de petits cailloux que l'action des pluies y a comme incrustés. Cet ensemble constitue un conglomérat ferrugineux assez analogue à celui qui, dans le Congo, était autrefois confondu avec la *latérite*. Ce conglomérat ferrugineux repose partout sur des grès quartzeux très durs. Ces grès, sortes d'*allios* très probablement, doivent résulter de la concentration qui s'opère, pendant la saison sèche, grâce à l'évaporation de la nappe souterraine d'infiltration, dont les éléments solubles se déposent au milieu du sable et lui servent de ciment. Au nord d'Abomey on rencontre de nombreux et très beaux gisements de kaolin.

Au delà du 8° nord on ne rencontre plus que des terrains primitifs, très fréquemment recoupés par des filons de quartz et supportant de nombreux mamelons ou pitons granitiques. M. le Gouverneur Ballot a cependant signalé entre 8° 45' et 9° nord de nombreux gisements de beaux marbres veinés de rose et de blanc. La présence de ces calcaires, dans cette région, est un fait très intéressant; car peut-être doit-on les rapprocher de ceux auxquels paraissent associés, dans le Congo, les gisements de cuivre et qu'on attribue sans preuves au Dévonien. On sait d'ailleurs que le cuivre existe en grande abondance dans le Haut-Dahomé; celui que l'on trouve actuellement sur les marchés vient du Bariba et du Yoruba.

d'épines et d'autres excroissances qui leur donnent une circonférence de trente à quarante mètres; toutefois le tronc proprement dit, qui sert à la construction des pirogues, n'en atteint généralement que dix. Près d'eux d'immenses baobabs étalent avec orgueil leurs troncs multiples, formant mille berceaux de verdure. C'est un luxe incomparable de végétation. »

(1) Les murs sont blanchis à la chaux; les indigènes retirent cette chaux des coquilles d'huîtres qui pullulent dans les lagunes saumâtres de la côte.

D'autre part les schistes signalés sur le cours de l'Ocpa (en un seul point), et que certains observateurs considèrent comme analogues à ceux qui avoisinent le terrain carbonifère, ne fournissent que des indications trop vagues pour justifier aucun rapprochement.

Enfin les grès rouges également signalés dans cette partie peuvent appartenir à la grande formation triasique du Congo et de l'Afrique méridionale (*le Karoo*), mais peuvent aussi être la base des dépôts crétacés qui bordent la côte d'Afrique en plusieurs points.

Quant à l'or de cette région, s'il y existe, il doit provenir, sans doute, des filons de quartz. Malheureusement les comptes-rendus qui parlent de ces quartz avec quelques détails, le font d'une manière si peu précise, qu'on n'en peut tirer aucune conclusion probable. Skertchly compare bien cependant le Dahomé au Transvaal ; mais jusqu'à nouvel ordre cette opinion ne doit être acceptée que sous réserves.

On ne saurait d'ailleurs ni affirmer ni nier l'existence de l'or au Dahomé car on ne l'a jamais recherché, ni avant, ni depuis la conquête. Disons toutefois que son existence y paraît extrêmement probable. La légende prétend même que les indigènes l'extrayaient en très grande quantité autrefois et que cette extraction aurait été empêchée, il y a cent-vingt-cinq ans, par le roi Adanzou II, dans la crainte que ses sujets ne s'enrichissent et ne perdissent le goût et les habitudes de la guerre.

Je terminerai cet aperçu très sommaire de la géologie du Dahomé par une citation tirée de l'ouvrage de M. Edouard Foa, qui m'a paru intéressante à reproduire ici : « En ce qui concerne les ressources minières du Dahomey, on doit se borner à raisonner par déduction. Si nos hypothèses sont exactes, le Dahomey offrira un jour des ressources considérables à l'industrie. Le Dahomey par lui-même n'est pas assez étendu et sa configuration ne diffère pas assez de celle des pays voisins pour qu'il ne soit pas doté des mêmes richesses minérales qu'eux. Or il est limitrophe du pays des Achantis, où l'or fut à une époque si commun qu'il servait aux plus vils usages : on en faisait des haches, des sabres, des couteaux, les pointes de flèches, etc. ; il n'avait aucune valeur, les Européens n'étant pas encore venus enseigner aux indigènes à l'échanger contre les marchandises dont ils avaient besoin. Le fer était rare alors, parce qu'on ignorait la façon de l'extraire et de le travailler ; il avait beaucoup plus de valeur que l'or. Les rois et les chefs Achantis étaient enterrés avec des quantités considérables d'or, sous forme de pépites, de sabres, de bracelets, etc. Les Anglais, après leur victoire de 1874, lors du sac de Koumassie, firent une ample moisson de ce métal précieux, dans les tombeaux ainsi que dans la capitale des Achantis. Sauf la bande côtière qui diffère, ces pays ont la même nature de terrain que le Dahomey dont ils sont limitrophes. Le Volta, qui passe à peu de distance des frontières Ouest du Dahomey, charrie dans ses sables des quantités d'or d'alluvions, qu'il arrache aussi bien à sa rive gauche qu'à sa rive droite. »

Avant la conquête les Européens ne pouvaient faire aucune recherche minière au Dahomé ; le gouvernement indigène s'y opposait formellement. « Tout ce que les autorités locales ne comprennent pas, dit le même auteur, leur parait suspect, et il y a malheureusement bien des choses qui entrent dans cette catégorie. Si un Européen creusait seulement un trou d'un mètre dans un champ, il serait aussitôt accusé de sortilège, de conspiration contre le Gouvernement, arrêté peut-être, et toutes les explications possibles ne l'empêcheraient pas d'en éprouver une foule de désagréments (1). »

(1) L'auteur a été surpris un jour, à Abomey-Calavy, occupé à photographier un temple fétiche. On se jeta sur lui, on lui confisqua son appareil et tous les instruments, qu'il possédait. Il y eut des assemblées et de longues discussions. Il fut forcé de payer une forte amende et d'expliquer longuement que ces objets n'avaient ou n'auraient aucune influence sur les destinées du Dahomé. Nous devons ajouter que ces observations datent de 1891 et sont par conséquent antérieures à la conquête.

OROGRAPHIE

Les parallèles 8° 20' et 9° nord limitent la zone la plus accidentée du Haut-Dahomé et comprennent la ligne de séparation, d'ailleurs très mal dessinée, entre les eaux du Niger et celles du Dahomé.

C'est une région de plateaux, peu montagneuse, au sens réel du mot, et d'un relief relativement très peu prononcé.

Sur ces plateaux, dont le terrain est entièrement primitif et recoupé de nombreux filons de quartz, on rencontre très fréquemment des affleurements granitiques qui forment généralement de petits mamelons irrégulièrement distribués, pouvant atteindre toutes les hauteurs jusqu'à 200 mètres au-dessus du sol environnant; il en résulte que cette région atteint une altitude totale de 400 mètres environ, l'altitude moyenne des plateaux, celle qui nous intéresse plus particulièrement, ne dépassant pas 200 mètres. M. le Gouverneur Ballot y a cependant signalé quelques hauteurs pouvant atteindre 600 et même 800 mètres d'altitude; mais c'est exceptionnel.

Au-delà du 9° nord on n'aperçoit plus de mamelons granitiques et le terrain ne semble pas s'élever sensiblement.

Ces hauts-plateaux se prolongent au sud, en s'abaissant graduellement, par des contreforts qui constituent les collines du pays des Mahis.

Ces collines, d'une direction à peu près nord-sud, sont formées par une suite de mamelons granitiques et séparent les bassins des cours d'eau se dirigeant vers la côte du Dahomé. Au fur et à mesure qu'elles se rapprochent de la côte, ces collines vont s'élargissant en formant éventail; elles s'abaissent en même temps et finissent par s'épanouir en se confondant avec les premières terrasses qui les suivent immédiatement.

Alors commence cette succession de terrasses qui s'étagent en gradins jusqu'à la mer.

A Sanio, à Sagòn, à Dogba, à Togodo, à Cana, ces terrasses s'arrêtent brusquement, formant ressaut et laissent tomber les eaux sur un sol uni, en pente douce, dans des lits non encaissés, tracés seulement par des palétuviers et quelques palmiers à huile; de là, des plaines basses, marécageuses, des dépôts d'alluvions, des îles flottantes.

Le plateau d'Abomey sépare le pays accidenté de cette région de plaines marécageuses et alluvionnaires.

« Toute cette région marécageuse forme un immense delta assez analogue au delta tonkinois; elle a été conquise sur l'Océan, qui recule de plus en plus sous l'action de la barre, laquelle amoncelle sur le littoral des bourrelets de sable, que recouvrent ensuite peu à peu les alluvions apportés par les rivières. Jadis les eaux déferlaient sur le revers sud des contreforts de la région accidentée; insensiblement la mer s'est retirée, ou plutôt les terres ont gagné et les bourrelets successifs formés par la barre se sont recouverts d'une couche de terre végétale d'autant moins épaisse que la formation est plus récente et ont formé des plateaux de moins en moins élevés, séparés entre eux par des dépressions plus ou moins profondes. La preuve que ces plateaux se sont bien formés ainsi et qu'ils ne sont pas le résultat d'un soulèvement, réside dans ce fait qu'on ne rencontre pas une seule pierre dans tout le bas pays. Aux postes de Goho et d'Allada, on n'a partout rencontré que des alluvions sur une épaisseur de plus de 40 mètres. » (1)

Au-dessous des collines du Mahi on trouve, du nord au sud, en suivant le méridien d'Abomey, d'abord le plateau d'Abomey, d'une altitude moyenne d'environ 80 mètres.

Le sol, argileux sur une très grande profondeur, est uniformément plat en général. Il est en outre relativement peu fertile et recouvert, en grande partie, de hautes herbes de trois à quatre mètres.

Puis la dépression de la Lama; cet immense marécage, d'une largeur de douze kilomètres environ, nord-sud, est recouvert de boue dans laquelle on enfonce jusqu'aux genoux

(1) *Revue Maritime et Coloniale,* octobre 1893.

pendant neuf mois de l'année, de mars à décembre ; une forêt ombreuse le recouvre entièrement et la végétation y possède une vigueur extraordinairement remarquable.

Puis le plateau d'Allada ; très fertile, il est également recouvert de riches forêts, comme tout le reste du pays d'ailleurs jusqu'à la côte ; son altitude est de 40 mètres environ.

Puis le plateau de Savi, séparé du précédent par une dépression remplie par la lagune de Tori ; son altitude varie entre 25 et 30 mètres.

Enfin, au sud de Savi, au milieu d'une vaste plaine marécageuse, on rencontre un dernier plateau peu étendu, d'une altitude de 10 à 15 mètres, sur lequel est bâti Ouidah.

HYDROLOGIE [1]

De cette étude succincte du système orographique, on peut facilement déduire le caractère du système fluvial. Au nord, dans la partie accidentée, ce sont des cours d'eau torrentueux, ayant des bassins assez bien définis, mais dans la région inférieure, on trouve des cours d'eau larges et sans berge bien nette, dont le lit se divise parfois en plusieurs branches, qui coulent tantôt dans un sens, tantôt dans un autre, selon que les crues sont plus fortes sur tel ou tel point et qui arrosent des plaines marécageuses que couvrent les eaux à la saison des pluies : ce sont bien là les caractères d'un delta.

Le manque de courant fait que la plupart de ces cours d'eau sont couverts d'herbes et d'îles flottantes amenées de la partie supérieure du cours par les crues, et ces eaux arrivent à la côte avec une vitesse tellement faible, que le mince bourrelet de sable amoncelé par la barre suffit à leur fermer la communication avec la mer. Les eaux s'épanouissent alors et forment les lagunes qui longent toute la côte, à peu de distance.

Trois cours d'eau principaux se jettent dans cette ligne d'eau après avoir coulé du nord au sud perpendiculairement à elle. Ce sont, de l'est à l'ouest, l'Ouémé, le Couffo et le Mono. Les sources de ces cours d'eau ne sont pas encore exactement connues ; mais leur cours supérieur présente le caractère commun d'être torrentueux.

La saison des pluies ayant lieu, dans les hautes régions, à une époque différente de celle à laquelle elle se produit dans le Bas-Dahomé, le régime des eaux de ces rivières n'est pas le même que celui des lagunes et autres cours d'eau de la région inférieure. C'est ainsi que la grande crue de ces fleuves se produit vers septembre, tandis que celles des lagunes a lieu dans les premiers jours de juillet.

(1) **Extrait de la** *Revue Maritime et Coloniale,* octobre 1893.

PRODUITS VÉGÉTAUX UTILISABLES

La flore du Dahomé est assez bien connue. Elle présente les caractères généraux de toute flore intertropicale, à savoir une exubérance désordonnée et une variété des plus remarquables. Ces richesses demandent à être exploitées d'une manière méthodique et intelligente ; or, que nous manque-t-il pour cela ? Rien autre qu'un peu d'initiative et de persévérance, car les savants ont fait leur œuvre ou ne demandent qu'à la faire. Gráce à eux, nous savons que l'on trouve au Dahomé tout ce que peut donner la nature végétale : bois de construction, d'ébénisterie, de charronnage, céréales, produits tinctoriaux, pharmaceutiques, alimentaires, matières textiles. Ils nous ont fait connaître ceux des végétaux étrangers qu'il peut être utile et profitable d'acclimater dans notre nouvelle colonie. Ces renseignements ne peuvent manquer de se préciser, gráce à la création récente d'un jardin d'essai à Porto-Novo ; mais, pour le moment, les pionniers français auront assez à faire s'ils entreprennent de mettre en œuvre les ressources de toutes sortes que leur offre la végétation.

Nous ne pouvons donner qu'une idée bien insuffisante de ces ressources : nous tenterons néanmoins de présenter un aperçu des principaux produits que nos compatriotes pourront obtenir au Dahomé. Les exploitations rurales s'y divisent comme toujours dans les régions tropicales, en deux catégories ; les unes ne demandent qu'un minimum de travail, ce sont les plantations : cocotiers, palmiers, cotonniers, bananiers, café, cacao ; les autres exigent plus de soins et de peines, ce sont les cultures proprement dites : riz, maïs, manioc, ignames, mil, etc.

Répétons-le, parce que cela est nécessaire : tout est à faire dans l'ordre d'idées que nous envisageons. Si l'on veut s'en faire une idée, il nous suffira de prendre pour exemple le caoutchouc, produit de première importance, qu'on pourrait recueillir en quantité considérable dans nos colonies d'Afrique et pour lequel nous restons cependant tributaires, dans une large mesure, de l'Angleterre. Il est vrai de dire que les noirs sont seuls chargés, sans aucune direction, de la récolte de cette substance et que leurs procédés sont tout ce qu'il y a de plus irrationnel. Un des premiers actes du colon français devra être de propager à ce point de vue la culture de l'*Hevea guyanensis* et du *Manihot Glaziowii,* qui fournissent à l'Amérique du Sud des caoutchoucs abondants et de premier ordre. De même pour les bois. Dans un travail récent, M. Lecomte a montré que l'Afrique centrale, qui pourrait nous fournir des bois de toutes structures et de toutes qualités, a reçu au contraire de France, en 1893, pour 180.000 francs de bois, tandis que la métropole allait en demander à l'étranger pour 140 millions de francs. Ajoutons cependant qu'on a remarqué l'influence prépondérante des voies ferrées sur le développement de la culture, lors de l'établissement récent du chemin de fer de Dakar à Saint-Louis. Ce fait est de nature à nous faire concevoir de grandes espérances pour la mise en œuvre des ressources végétales du Dahomé, dès que ce pays sera pourvu d'un chemin de fer.

PLANTES ALIMENTAIRES

Acajou à pommes. *Anacardium occidentale.* — Arbre peu élevé dont le fruit sec renferme un suc oléagineux pourpre, âcre, antiodontalgique, vésicant. Il sert aussi à détruire les verrues. La graine contient une huile douce employée pour faire des émulsions. Les cotylédons se mangent crus ou grillés. — Le pédoncule, hypertrophié jaune, blanc ou rouge, a une saveur aigrelette. On le mange et on en fait des boissons fermentées. L'écorce du tronc laisse exsuder une résine jaune, dure, *gomme d'anacarde,* soluble dans l'eau. Les feuilles de l'écorce sont riches en tannin et servent à préparer les peaux. Bon bois d'ébénisterie.

Arbre à pain. *Artocarpus incisa.* (Ulmacées). — Originaire de l'Inde, s'acclimate facilement dans toutes les régions tropicales. Arbre cultivé en sol riche, produit à 5 ans 60 à 80 kilogrammes de fruits pesant de 1 kil. 5 à 2 kilos. — D'abord fermes, féculents, quand la maturité n'est pas complète. On les mange cuits au four, bouillis ou frits comme la pomme de terre. Complètement mûrs, il sont très sucrés et possèdent une odeur aromatique particulière. C'est un aliment agréable mais peu nourrissant.

Il existe une seconde variété à graines grosses comme des châtaignes qui, après cuisson, ont une saveur assez agréable. — Bois jaune, dur et susceptible, d'un beau poli. Perd sa couleur à l'air et brunit lorsqu'il n'est pas verni. Très léger et un peu satiné. — Bon pour l'ébénisterie.

Bananier. *Musa sapientium* (Musacées). — Originaire des Antilles. — Les fruits sont mangés sous toutes les formes culinaires. Le tronc, qui renferme de l'amidon, sert à la nourriture des porcs. Les tiges peuvent en outre donner des fibres textiles que l'on obtient en les laminant, faisant bouillir dans l'eau additionnée d'un peu de chaux et de soude, lavant ensuite, battant et faisant sécher au soleil. Un hectare de bananiers peut donner 3.600 kilos de filasse d'une valeur de 500 francs.

Le bananier d'Afrique *(Musa ensete)* est plus élevé que le précédent. Les fruits ne sont pas comestibles. On mange son bourgeon terminal dépouillé de ses enveloppes extérieures.

Cacao. *Theobroma Cacao* (Malvacées). — Originaire des côtes et des îles du Mexique. — Arbre cultivé soit dans les forêts, soit dans les terrains nus, affectionne les sols riches, profonds et humides. Dans les plantations on lui donne l'ombrage du bananier. — Rapporte de cinq à vingt-cinq ou trente ans. — 100 kilos de graines fraîches donnent environ 40 à 50 kilos de graines sèches.

Café. *Coffea liberica* (Rubiacées). — Originaire de la Haute-Abyssinie. — Arbrisseau de 5 à 6 mètres, dont le fruit à chair dure, peu épaisse, renferme deux noyaux parcheminés, ellipsoïdes, plans d'un côté et accolés par leur face aplatie. Produit à trois ou quatre ans. Deux principales époques de floraison à six mois d'intervalle, mais il porte presque constamment des fleurs et des baies. — La récolte est dès lors pour ainsi dire continue.

Citronnier. *Citrus medica* (Aurantiacées). — Importé des Antilles. — Outre le fruit bien connu, fournit un bon bois d'ébénisterie, jaune, dur et bon pour le tour.

Goyavier. *Psidium pomiferum (P. montanum).* — Originaire des Antilles. — Fruit assez estimé. — Bois dur, résistant, très élastique, bon pour l'ébénisterie, la charpente, le charronnage, les manches d'outils. Ecorce employée pour le tannage.

Igname. *Dioscorea alata.* — Plante à tige épineuse, produisant des tubercules comestibles. Espèce très productive.

Maïs. *Zea maïs* (Graminées). — Originaire de l'Amérique. — Fournit deux récoltes par an. La croissance est extrêmement rapide. Très cultivé, employé dans l'alimentation journalière des noirs, qui mélangent sa farine à celle du sorgho pour la préparation du couscous. — Le grain, sous ce climat chaud et humide ne se conserve que pendant une année et encore en prenant de grandes précautions.

Mil. *Sorgho vulgare* (Graminées). — Très cultivé, surtout le petit mil. On le récolte au bout de quatre mois. Très prisé pour la préparation du couscous.

Manguier. *Mangifera indica* (Térébinthacées). —Importé des Antilles. — Grand arbre, dont le fruit charnu est des plus estimés. — On en retire du vin, de l'alcool et du vinaigre.

Est regardé comme antidiarrhéique. Feuilles riches en tannin, usitées dans le traitement desangines, de l'asthme. — Du tronc exsude une oléo-résine stimulante et sudorifique.

Bois de construction rapidement attaqué dans les pays chauds, mais qui serait d'un bon usage dans les pays froids, car, quoique peu dur, il est homogène et liant.

Maniguette. *Amomum melegueta.* (Lingiberacées.) — Plante à souche vivace dont les graines arrondies ou un peu pyramidales, dures, ont une saveur brûlante et très piquante, renferment 30 0/0 d'huile essentielle. Condiment excitant et tonique.

Manioc. *Manihot edulis, M. dulcis.* — Végétaux à racines charnues, rappelant les tubercules des dahlias, et dont on retire différentes variétés de fécule, parmi lesquelles le tapioca.

Muscade de Calabar. *Mondora myristica.* (Anonacées.) — Espèce fréquente au Gabon. Arbre dont les graines ont une saveur un peu plus piquante que celle du muscadier et servent aux mêmes usages comme condiments.

Poivre de Guinée. *Xylopia Æthiopica.* — Originaire du Sénégal et du Gabon. Arbre dont les baies fournissent un condiment stimulant.

Oranger. *Citrus aurautium.* — Bois excellent pour l'ébénisterie, doit être soumis pendant au moins deux mois à l'action de l'eau courante dès qu'il est débité, pour conserver une longue durée.

Riz. *Oriza Sativa* (Graminées). — Le Dahomé, par le peu d'élévation de ses différentes parties et les nombreux cours d'eau qui le parcourent, se prêterait bien à la culture du riz. L'établissement des rizières, l'ensemencement et la récolte du riz n'exige que peu d'efforts et de capitaux. La récolte a lieu après quatre à cinq mois de culture et peut être continue, sauf dans les parties plus élevées et moins favorisées de l'arrière-pays, où cette culture ne peut avoir lieu que pendant la saison des pluies.

Jusqu'à présent, le riz a été employé exclusivement à l'alimentation des indigènes. Mais il y a lieu d'espérer que ce produit prendra sa place dans le courant d'importation croissant du riz en Europe, où il est employé maintenant à la fabrication d'un alcool de très bonne qualité.

PLANTES OLÉAGINEUSES

Arachides. *A. Hypogœa.* (Légumineuses.) — Originaire du Brésil. — Plante herbacée portant une gousse dont les graines sont oléagineuses. On la cultive surtout à une certaine distance des côtes, dans des terres légères et riches, au fond des vallées ou au voisinage des rivières. Les semailles se font en juillet ou en août, et il faut quatre ou cinq mois pour que le fruit soit formé. *A mesure que s'étend la construction des voies ferrées, on constate une augmentation notable des récoltes et c'est ce qui a eu lieu sur tout le trajet du chemin de fer de Dakar à Saint-Louis.* — Les indigènes mangent la graine associée à la banane. — Les semences sont exportées pour l'obtention de l'huile qu'elles renferment dans la proportion de 45 à 50 pour cent et qu'on prépare par simple expression. Cette huile donne un très beau savon blanc. Elle est comestible et consommée le plus souvent sous le nom d'huile d'olive. Quand elle est vieille, elle sert à l'éclairage. Les tourteaux d'arachides servent à l'alimentation des bestiaux.

Cocotier. — *Cocos nucifera.* (Palmiers.) — Tige de 20 à 30 mètres, qui pendant sa jeunesse renferme une moelle de saveur sucrée, bourgeon terminal se mange en salade. La sève donne sucre, alcool, vinaigre. La partie moyenne du fruit est fibreuse et sert à faire des cordages, le noyau osseux sert de vase. A l'intérieur du fruit jeune, liquide sucré, rafraîchissant et diurétique, qui avec l'âge devient solide, blanc, comestible et très agréable. Donne par expression 50 pour cent huile comestible quand elle est fraîche, mais rancissant vite et ne pouvant plus alors servir qu'à l'éclairage.

Coula edulis. — (Ollacinées.) — Arbre dont le fruit, analogue à notre noix, rappelle la saveur du pain bis. Donne 33 pour cent d'huile comestible.

Huile de palme. — *L'Elœis guineensis,* palmier qui fournit ce produit, croît spontanément sur toutes les côtes de la Guinée. Les fruits renferment deux huiles différentes et qu'on extrait séparément, la première (huile) du fruit même, dans la proportion de 65 à 70 pour cent, la seconde, blanche, solide, (beurre) de l'amande, dans la proportion de 45 pour cent.

L'huile de palme est une des branches principales du commerce de la côte occidentale, d'où elle est dirigée sur Marseille pour servir à la préparation des savons communs. Elle est employée aussi en raison de la grande quantité de palmitine qu'elle contient, à la préparation des bougies.

PLANTES PHARMACEUTIQUES

Caja. *Strychnos icaja.* (Loganiacées.) — Nous choisissons cet arbuste comme type des strychnos de l'Afrique centrale. La racine est employée comme poison d'épreuve. Ne renferme qu'un alcaloïde, la *strychnine* qu'on retrouve aussi dans les feuilles et l'écorce de la tige.

Kola. *Cola acuminata.* (Malvacées). — Grand et bel arbre à gros tronc, à forts rameaux, qui croît spontanément entre 10 degrés nord et 5 degrés sud, et s'avance jusqu'à 800 kilomètres dans l'intérieur. Le bois est bon pour les constructions navales, les charpentes. Les graines, si appréciées maintenant dans la pharmacopée européenne sont récoltées deux fois par an. Les indigènes les mâchent pour calmer la faim et supporter, sans fatigue, les travaux les plus prolongés. L'arbre en plein rapport à 10 ans peut donner 45 kilogrammes de graines par récolte.

Copahu. *Copaifera guianensis.* — Arbre dont le tronc laisse exsuder par des incisions, l'oléorésine bien connue, qu'on a employée quelquefois comme balsamique dans les maladies pulmonaires. Pourrait également fournir du tannin.

Cubèbe africain. *Piper clusii.* (Piperacées). — Plantes grimpantes dont le fruit est une baie arrondie employée comme condiment. Odeur et saveur du poivre.

Cailcedra. *Khaya senegalensis.* (Méliacées.) — Arbre de 30 à 35 mètres dont le tronc a 1 mètres de diamètre. Importé au Sénégal, il réussit également sur la côte de Guinée. Il renferme une matière gommo-résineuse, son écorce est extrêmement amère et les nègres lui attribuent des propriétés fébrifuges assez remarquables pour qu'on lui ait donné le nom de *quinquina* du Sénégal.

Fève de Calabar. *Physostigma venenosum.* (Papilionacées.) — Plante vivace dont le fruit est utilisé comme poison d'épreuve. C'est un poison fort énergique employé en Europe pour faire contracter la pupille dans certaines névralgies, etc.

Inée. *Strophantus hispidus.* (Apocynées.) — Plante grimpante dont les graines fournissent une poudre avec laquelle certaines peuplades empoisonnent leur flèches. — Le principe actif est la *strophantine*. Le strophantus a pris une place importante dans la thérapeutique des maladies du cœur.

Karité. *Butyrospermum Parkii.* (Sapotacées.) — Arbre dont la graine donne par ébullition dans l'eau, un corps gras connu sous le nom de Beurre de Karité ou de Galam, qu'on emploie en application dans les douleurs rhumatismales.

Papayer. *Papaya carica.* (Bixacées.) — Arbre cultivé, orignaire de la Guyane dont le tronc et les feuilles laissent exsuder un suc laiteux, riche en papaïne, substance analogue à la pepsine et possédant comme elle la propriété de digérer les matières albuminoïdes. Les graines sont employées comme authelminthiques. La chair du fruit se mange conflte dans le sirop; la pulpe en est employée quand le fruit est mûr comme cosmétique pour faire passer les taches de la figure dues à l'insolation. Les feuilles servent à savonner le linge.

Ces usages multiples rendent cet arbre fort précieux et l'on ne saurait trop en propager la culture.

Ricin. *Ricinus communis.* (Euphorbiacées.) — Arbuste originaire de l'Inde dont les graines sont usitées à l'état frais, au nombre de deux ou trois, comme purgatives et fournissent en outre l'huile bien connue. Cet arbuste croît partout, sous cette latitude.

Teli. *Erythrophleum guineense.* — Grand arbre, originaire du Rio Nunez, dont nous recommandons l'importation au Dahomé. L'écorce est employée par les noirs comme poison d'épreuve et pour empoisonner les flèches. Elle a une saveur amère et détermine ensuite une sensation d'âpreté comparable à celle d'une brûlure, mais sans douleur. C'est un poison du cœur d'une grande énergie.

Bois extrémement recherché à cause de sa durée et de son incorruptibilité. Il est assez dur pour ne pas être carbonisé dans les incendies qui dévorent les cases des noirs, sert à confectionner les coffres et tous les ustensiles de ménage, les termites ne l'attaquent pas.

GOMMES ET RÉSINES

Caoutchouc. *Ficus élastica.* — Arbre dont le fruit présente la configuration de la figue. Le bois est bon pour la menuiserie.

Hevea guianensis. — Arbre de 50 à 60 pieds de haut. Bois sans utilité. — Il suffit de faire à l'arbre une incision verticale reliée par des incisions latérales obliques, permettant au suc laiteux de s'écouler dans la première, d'où il est reçu dans des vases fixés sur le tronc, au-dessous de l'incision principale. — Mais on a négligé jusqu'à présent de propager cet arbre, qui produit un caoutchouc de premier ordre pour s'en tenir à l'exploitation de diverses lianes (landolphia, carpodinus, clitandra) dont les noirs recueillent le latex dans des cornets de feuille. Tout est à faire dans cette industrie exercée jusqu'à présent d'une façon absolument primitive par des indigènes qui ignorent la valeur des diverses lianes et de leurs produits.

Copalier. *Hymœnea verrucosa.* (Cœsalpiniées.) — Arbre cultivé à la Réunion, qui produit le vrai Copal, résine employée à la fabrication de vernis fort estimés. — Il ne faut pas le confondre avec le **Courbaril** (*H. Courbaril*) de la Guyane, dont la résine est connue sous le nom de *Copal tendre* et sert au même usage. Le Courbaril peut fournir de belles courbes pour les constructions navales. Il se travaille bien, ne joue pas, prend en vieillissant la couleur de l'acajou et est couvert de mouchetures faites comme au burin. Il sert également à fabriquer des meubles et des ustensiles de grande durée. — Les deux espèces viennent également bien au Dahomé.

Gomme arabique. — Produite par diverses espèces du genre acacia, qui sont cultivées au Sénégal et s'acclimatent très bien au Dahomé. La récolte se fait en novembre, lorsque, sous l'influence du vent chaud du désert, l'écorce se fendille et laisse exsuder la gomme à travers ses fissures. Elle se continue sans interruption jusqu'au mois de juin. Il existe plusieurs sortes de gommes, de valeurs diverses et souvent mélangées de produits inférieurs provenant des fromagers, gonakiés, etc.

TEXTILES

Arbre à coton. *(Eriodendron anfractuosum.) Malvacées.* — Grand arbre dont les fruits sont mangés crus ou cuits. Le tronc laisse exsuder une gomme qui, mélangée à des épices, est employée dans l'Inde contre certaines maladies de l'intestin. — Graines enveloppées dans un duvet blanc un peu jaunâtre donnant un coton de seconde qualité.

Cotonnier. *Gossypium barbadense* (Malvacées). — Originaire des Antilles. — Outre le coton, on extrait aujourd'hui avec beaucoup de soin de la graine du cotonnier une huile comestible au même titre que l'huile d'olive.

Fromager. *Bombax ceiba* (Malvacées). — Grand arbre dont les graines sont plongées dans une laine épaisse qui se file et se tisse difficilement, mais sert à garnir des matelas, des coussins. — Cette bourre est rouge. — Ecorce vomitive.

Hibiscus (Malvacées). — Plantes sous-frutescentes dont les différentes espèces sont cultivées en raison de la grande ténacité de leurs fibres, qui servent à faire des cordes et des liens. Aiment les endroits frais et marécageux. — Les racines présentent en général les propriétés émollientes de la plupart des malvacées.

Raphia. *Raphia vinifera* (Palmiers). — Arbre peu élevé qui donne un vin nommé Bourdou par les indigènes ; les pétioles servent à faire des meubles légers ; les feuilles donnent des fibres textiles, dont les indigènes fabriquent de belles étoffes jaunes, parfois très fines et des pagnes très solides. — Les noirs couvrent leurs cases avec les feuilles. Ajoutons que les fibres fournies par l'épiderme de ces dernières sont de plus en plus employées comme liens dans la culture européenne.

PLANTES TINCTORIALES

Cochlospermum tinctorium (Bixacées). — Arbrisseau de 5 à 6 pieds de hauteur, dont le rhizome tubéreux est gorgé de suc jaune. Matière tinctoriale estimée.

Originaire du Sénégal. Peut réussir au Dahomé.

Henné. (*Lawsonia alba;* L. inermis.) — Petit arbrisseau originaire de l'Inde et importé au Sénégal. — Les feuilles servent à préparer la couleur jaune rougeâtre dont les femmes s'enduisent les cheveux, les paupières, les ongles des pieds et des mains. — Racines astringentes.

Ce végétal, qui réussit très bien au Dahomé, peut devenir un article important de commerce avec les noirs.

Rocou. *Bixa orellana.* — Petit arbre de 10 à 12 pieds, à fruit d'un beau rouge, contenant des graines qui, écrasées et traitées par l'eau chaude, lui abandonnent la matière colorante rouge résineuse. On en fait un marc qui fermente et qu'on dessèche. Il sert à colorer les étoffes, la cire, etc. — Cette résine a été également employée comme purgative.

Rhatt. *Combretum glutinosum.* — Plante frutescente de 5 mètres de haut, dont les feuilles et les racines fournissent une couleur rouille employée pour teindre les pagnes. Les cendres sont employées, dans la Haute-Gambie, pour fixer l'indigo.

BOIS

Baobab. *Adansonia digitata.* — Arbre dont les dimensions sont beaucoup plus grandes en diamètre qu'en hauteur. C'est l'arbre sacré des noirs. Le bois est mou et léger, en raison des cavités nombreuses dont il est creusé. On en fait des cercueils et des pirogues d'une seule pièce, d'une grandeur énorme et d'un poids peu considérable. — Feuilles et fleurs employées comme émollientes. La pulpe qui entoure les graines est acidule et rafraîchissante. C'est un remède fort employé contres les dysenteries, les hémoptysies, les fièvres putrides. La partie extérieure du fruit, ligneuse, sert de vase et de récipient. Les cendres sont employées pour saponifier l'huile de palme rance.

Djâvé. *Baillonella.* — Arbre haut de 30 mètres, dont le tronc a 2 mètres à 2 mètres 50 de diamètre. — Son bois serré, un peu rougeâtre, convient très bien à l'ébénisterie et il serait facile de s'en procurer de grandes quantités. — Les graines donnent jusqu'à 56 pour cent d'un beurre comestible quand il est frais, et qu'on emploie en frictions contre les douleurs rhumatismales.

Gonakié. *Acacia Adansonii.* — Arbre de 10 à 12 mètres de hauteur, dont le bois, très fin et très dur, se conserve longtemps. Il convient parfaitement aux constructions navales pour genoux, varangues, allonges et courbes. — Difficile à travailler quand il est sec.

On en fait aussi des pilotis qui résistent fort longtemps, car le bois durcit dans l'eau sans s'y corrompre. Donne également une gomme rouge peu estimée.

Kadd. *Acacia Albicans.* — Grand arbre dont le bois dur à grain fin et serré, est très bon pour l'ébénisterie, les manches d'outils. Donne une gomme foncée de mauvaise qualité.

Khaya Senegalensis. *Acajou du Sénégal.* — Le bois qui a une teinte vineuse est droit, dur, assez serré, mais garde assez mal le poli. Il se conserve bien dans l'eau en raison de la résine qu'il renferme, mais il se fend par la dessiccation. On l'emploie pour la charpente, la menuiserie et la tabletterie; madriers de 6 à 15 mètres sur 0,50 à 2 mètres de diamètre.

Palétuvier. *Rhizophora Mangle.* — Très commune sur toutes les plages où ses longues racines adventives le maintiennent au fond de l'eau; tige épaisse à bois dur, serré, rougeâtre, pouvant donner de petites courbes d'embarcations. Bon également pour la charpente. Inattaquable par l'eau de mer, il sert aussi à faire des palissades sur le rivage. — L'écorce est très riche en tannin (17 0/0), qu'on pourrait facilement utiliser.

Ronier. *Borassus flabelliformis* (Palmier). — Arbre de de 30 mètres, dont le bois plein, d'une solidité remarquable, est très employé pour construire des pilotis. Il est de longue durée, n'est attaqué ni par les insectes ni par l'humidité. Les arbres femelles, creux et peu résistants, sont fendus et servent à faire des palissades. Le suc sucré qui s'écoule abondamment des cicatrices donne, par la fermentation, une liqueur alcoolique. Les fibres des pétioles et des feuilles donnent des cordages.

Dans l'Inde, on prépare avec le suc du fruit cuit dans l'eau, une pâte alimentaire. Les feuilles servent à faire des éventails, des nattes, des paniers, à couvrir les cases, etc.

Tamarinier. *Tamarindus indica.* — Arbre originaire de l'Afrique ou de l'Asie, acclimaté dans la plupart de nos possessions tropicales. La pulpe du fruit, brune ou rouge et d'une saveur astringente, sucrée, est employée comme laxative et sert à préparer des conserves d'un goût fort agréable. Bon bois de charronnage.

POPULATIONS

Les populations aujourd'hui pacifiées se composent des *Fons* et des *Nagos*. Les Fons se divisent en plusieurs groupes : les *Eoués* au sud (*Ouatchis* et *Minas*), le *Djedjis* et les *Mahis* dans le nord. Ce sont des gens inoffensifs, mais braves, chasseurs, cultivateurs et surtout commerçants.

Il en est de même des Nagos qui habitent dans le royaume de Porto-Novo, dans le pays de Kétou, de Savé et de Ouecé.

Les hommes sont grands, vigoureux, bien taillés, capables de porter 25 kilogrammes sur la tête pendant quatre à cinq heures sans se reposer. Ils s'habituent, dès le plus bas âge à ce genre de métier, et l'on voit fréquemment des enfants porter sur la tête des fardeaux dont le volume dépasse leur taille.

« Les femmes sont loin d'être disgracieuses lorsqu'elles sont jeunes.

« C'est une race qui présente, à un degré assez faible, les caractères distinctifs du type noir ; elle a, en effet, la peau d'un noir rougeâtre, le front peu fuyant, le nez peu écrasé, et la lèvre inférieure n'est pas très épaisse.

« Courageuse, elle aime à faire la guerre. Hommes et femmes ont pour tout vêtement un pagne, ordinairement bleu, sous lequel ils portent habituellement un petit caleçon de toile.

« Ils sont impropres, pour la plupart, à toute culture intellectuelle. Jeunes, ils se montrent éveillés, actifs et capables d'apprendre ; mais dès qu'ils ont grandi, le climat fait sentir son influence ; ils deviennent mous, apathiques, sans volonté aucune, et l'enfant qui promettait devient presque une brute. Leur religion est le fétichisme qui ne produit chez eux ni fanatisme, ni exaltation. Les féticheurs ont cependant grande influence ; ce sont eux qui font les sacrifices et communiquent avec les fétiches. Ils forment une caste relativement instruite.

« Les liens de la famille sont assez solides ; tous les membres qui la composent vivent ensemble dans une case à deux ou trois compartiments, et chacun travaille dans la mesure de ses forces pour contribuer au bien-être de tous.

« La polygamie existe en principe ; ce sont les femmes qui soignent les enfants, préparent la nourriture, vont chercher l'eau, qui est presque toujours loin, pilent le maïs, préparent le coton, lavent le linge, etc... De plus elles participent dans une large mesure aux travaux des champs, cueillette de l'indigo, du coton, fabrication de l'huile de palme, etc... Mais une seule femme suffirait difficilement à toute cette besogne ; aussi voit-on souvent les riches en posséder jusqu'à dix (1). »

Toutes les femmes obéissent à celle qui est la plus ancienne dans la maison. Malgré cela la population n'est pas très dense ; il faut chercher la cause de ce dépeuplement dans les événements qui se sont accomplis depuis deux siècles et qui ont pris fin avec la conquête de 1892 (2) ; mais actuellement le repeuplement s'effectue très rapidement, et aujourd'hui on peut déjà, sans exagérer, évaluer à plus de deux millions le nombre des habitants que renferme le Dahomé, depuis la côte jusqu'au Niger moyen.

(1) *Revue Maritime et Coloniale*, octobre 1893.
(2) A. L. D'ALBÉCA. *La France au Dahomé*, Paris, 1895 :
« Il faut laisser faire au temps son œuvre réparatrice. Cette immense zone a sommeillé pendant deux siècles sous la domination des Dahoméens qui entravaient toutes relations avec les gens du littoral et, par conséquent, avec nos négociants. Il appartient à ces derniers de se lancer dans le haut pays, pour y porter nos marchandises et y créer de nouveaux débouchés. »

Alençon. — Imprimerie A. HERPIN, 9, rue du Cygne.

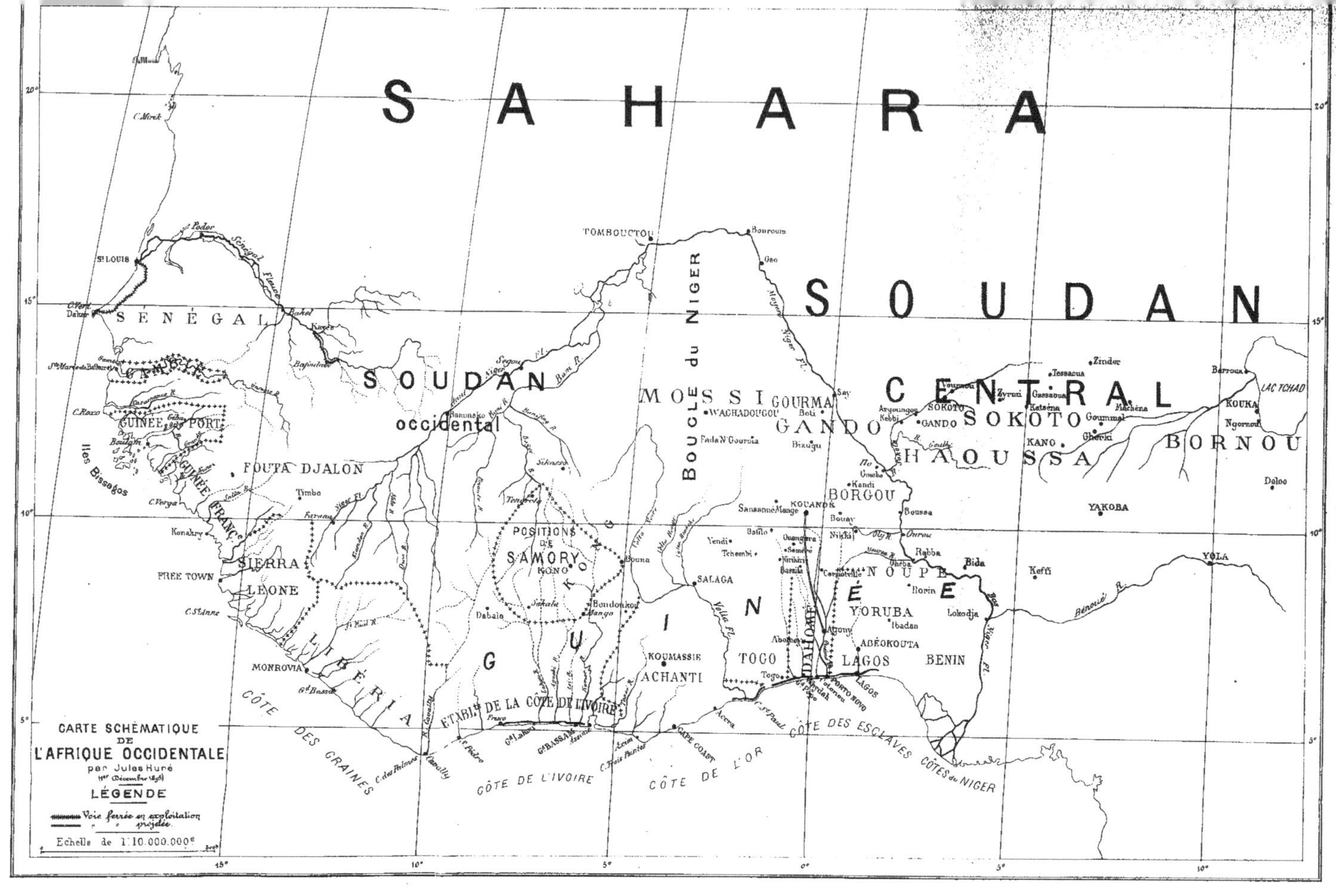

SAHARA
SOUDAN
CENTRAL
SÉNÉGAL
SOUDAN
occidental
BOUCLE du NIGER
Boucle du Niger
MOSSI GOURMA
WACHADOUGOU
Boti
Fada N'Gourba
GANDO
SOKOTO
SOKOTO
GANDO
HAOUSSA
KANO
BORNOU
LAC TCHAD
KOUKA
Ngornou
Gberki
Goummel
Machéna
Katséna
Gassaoua
Zinder
Tessacua
Barroua
Deloo
YAKOBA
Keffi
YOLA
Bida
Rabba
Ilorin
Lokodja
YORUBA
Ibadan
BENIN
ABÉOKOUTA
Agony
Abomey
LAGOS
PORTO NOVO
DAHOMEY
TOGO
Togo
NOUPÉ
É
BORGOU
Kandi
Bousca
Bouay
Nikki
Kandi
Onba
Ilo
Bizugu
Say
KOUANDE
Sansanné Mango
Tchembi
Yendi
SALAGA
ACHANTI
KOUMASSIE
Bondoukou
Mango
Dabala
POSITIONS DE SAMORY
KONG
Bouna
ÉTABLt DE LA CÔTE DE L'IVOIRE
GUINÉE
LIBÉRIA
MONROVIA
Gd Bassa
FREE TOWN
SIERRA LEONE
C. Ste Anne
FOUTA DJALON
Timbo
Konakry
GUINÉE FRANç
GUINÉE PORT
Iles Bissagos
C. Roxo
C. Verga
Ste Marie de Bathurst
TOMBOUCTOU
Bouroum
Gao
St LOUIS
Dakar
C. Vert
Podor
Bakel
Kayes
Ségou
CÔTE DES GRAINES
CÔTE DE L'IVOIRE
CÔTE DE L'OR
CAPE COAST
Accra
CÔTE DES ESCLAVES
CÔTES du NIGER
C. Mirek
SÉNÉGAL
CARTE SCHÉMATIQUE
DE
L'AFRIQUE OCCIDENTALE
par Jules Huré
(1er Décembre 1896)
LÉGENDE
Voie ferrée en exploitation
projetée
Echelle de 1:10.000.000e

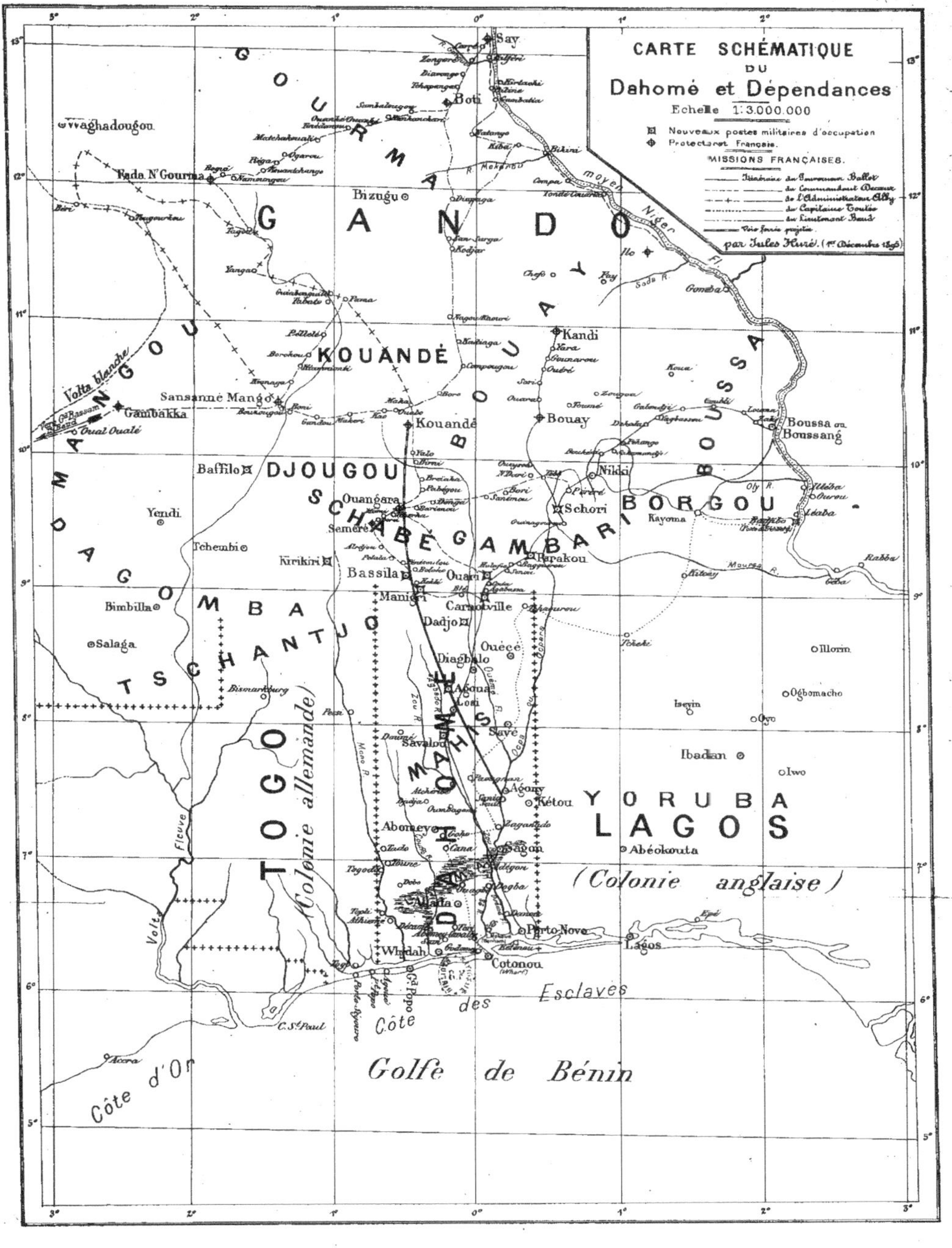

CARTE SCHÉMATIQUE
DU
Dahomé et Dépendances
Echelle 1:3.000.000
Nouveaux postes militaires d'occupation
Protectorat Français.
MISSIONS FRANÇAISES.
Itinéraire du Gouverneur Ballot
du Commandant Decœur
de l'Administrateur Alby
du Capitaine Toutée
du Lieutenant Baud
Voie ferrée projetée.
par Jules Huré. (1er Décembre 1895)
GOURMA
GANDO
BOUAY
BOUSSA
KOUANDÉ
Kandi
BORGOU
Nikki
DJOUGOU
SCHABÉ
GAMBARI
MANGOU
DAGOMBA
TSCHANTJO
TOGO
(Colonie allemande)
DAHOMEY
MAHIS
YORUBA
LAGOS
(Colonie anglaise)
Golfe de Bénin
Côte des Esclaves
Côte d'Or
Waghadougou
Fada N'Gourma
Bizugu
Say
Boti
Kandi
Bouay
Boussa ou Boussang
Sansanné Mango
Gambakka
Baffilo
Yendi
Tchembi
Kirikiri
Bassila
Bimbilla
Salaga
Bismarkburg
Manigri
Dadjo
Diagbalo
Agoua
Savé
Savalou
Abomey
Allada
Whydah
Cotonou
Porto-Novo
Lagos
Abéokouta
Kétou
Ibadan
Ilorin
Ogbomacho
Oyo
Iseyin
Iwo
Kouandé
Schori
Papakou
Ouan
Carnotville
Ouécé
Sagon
Cana
Seméré
Ouangara
C. St Paul
Accra

www.ingramcontent.com/pod-product-compliance
Lightning Source LLC
Chambersburg PA
CBHW061231030726
47595CB00004B/1472